Pierina
and her Friends

П'єрина
та її друзі

Also by Antonina Novarese / також від Антоніни Новарез

ENGLISH-UKRAINIAN BILINGUAL CHILDREN'S BOOKS / АНГЛО-УКРАЇНСЬКІ ДВОМОВНІ ДИТЯЧІ КНИГИ

Check out the books in the **UK**:
Перегляньте книги у **Великобританії**:

Check out the books in the **USA**:
Перегляньте книги **США**:

Scan the QR code with your phone camera to check out the books.
Відскануйте QR-код за допомогою камери вашого телефону, щоб переглянути книги.

Published by Antonina Novarese, Vertou, France
English / Ukrainian bilingual edition
Written, translated, illustrated, designed by Antonina Novarese
First published as *Small White and her Friends* in English in 2020 by Antonina Novarese
ISBN : 978-2-902718-34-4
Édition : Antonina Novarese, 51 rue Charles Lecour, 44120 Vertou, France
Imprimé à la demande depuis novembre 2023. L'imprimeur est indiqué à la dernière page de l'ouvrage.
Loi n° 49-956 du 16 juillet 1949 sur les publications destinées à la jeunesse : novembre 2023
Dépôt légal : novembre 2023
WWW.ANTONINANOVARESE.COM

Pierina and her Friends

П'єрина
та її друзі

story and pictures by
Antonina Novarese
текст та ілюстрації
Антоніни Новарез

It was a fine afternoon by the river. Bugs were playing in the grass. Pierina watched them with joy. "I have to get something for dinner," she said to her pets.

То був гарний вечір біля річки. Жуки гралися у траві. П'єрина дивилася на них із задоволенням. «Маю знайти щось на вечерю», — сказала вона своїм тваринкам.

"Max, will you look after my bugs while I am away?" she asked her friend.

"Don't worry, Pierina, I will watch them carefully," said the frog.

At first, Max watched the bugs carefully, as he promised. But then the afternoon sun made him sleepy, and he dozed off.

«Максе, приглянеш за моїми жуками, поки мене не буде?» — спитала вона свого друга.

«Не хвилюйся, П'єрино, я добре за ними приглядатиму», — сказала жаба.

Спочатку Макс пильно слідкував за жуками, як і обіцяв. Та потім вечірнє сонце приспало його, і він задрімав.

The bugs were climbing up and down a straw. A sudden wind ran through the grass and the straw blew into the water.

Жуки повзали вгору і вниз по соломинці. Раптовий вітерець пронісся через траву, і соломинку здуло у воду.

Pierina came back and saw her pets being carried away by the river.
"Max, wake up!"

П'єрина повернулася і побачила, як її тваринок відносить течією.
«Максе, прокидайся!»

Pierina rushed to drag the straw out of the water, but it was too heavy. Max hurried to help.

П'єрина кинулася витягати соломинку з води, та вона була заважка. Макс поспішив на допомогу.

They pulled the bugs onto a floating leaf and drew it towards the shore.

But the more they tried, the further the leaf was carried down the river.

Вони витягли жуків на листок, що плив по воді, та почали штовхати його до берега.

Та чим більш вони старалися, тим далі листок відносило униз по річці.

Splash! A wave turned the leaf upside down.

Плюск! Хвиля перевернула листок.

Max picked up the bugs and swam to the shore. Tired out, he saw willow branches hanging low. He grabbed them, swung and fell into the reeds.
Here the river was still.

Макс підібрав жуків та поплив до берега. Утомившись, він побачив низько навислі вербові гілки. Він схопив їх, розгойдався та впав у очерет.
Тут річка була тиха.

All of a sudden, something struck the water. A long beak poked through the reeds.

Раптом щось вдарило по воді. Довгий дзьоб тицяв крізь очерет.

A heron came splashing and crashing about, trying to catch the bugs!

"I will distract her," said Pierina and flew right into the heron's eye.

З плюскотом і хлюпанням з'явилася чапля і заходилася ловити жуків.

«Я відверну її», — сказала П'єрина і влетіла прямо в чаплине око.

Max and the bugs escaped into the reeds.
Finally, everyone reached the bank.

Макс та жуки врятувалися в очереті.
Нарешті усі дісталися берега.

Not until evening did the company make it home.
They were wet, tired, and cold – but just in time for dinner.

Лише надвечір компанія добралася додому. Вони
змокли, змерзли та втомилися, але повернулися як раз
вчасно до вечері.

9 782902 718344